orangutanes
BEBÉS

KATE RIGGS

CREATIVE EDUCATION · CREATIVE PAPERBACKS

TABLA DE

CONTENIDO

SOY UN ORANGUTÁN BEBÉ.

Soy una cría de orangután.

ojo

boca

pelo

Cuando **nací**, **pesaba** alrededor de tres libras (1.4 kg).

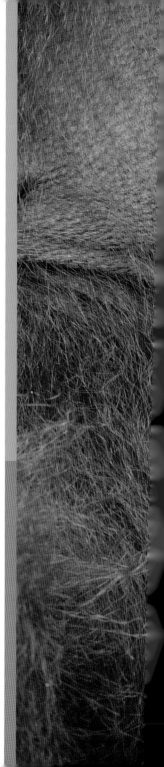

Beberé la leche de mi madre hasta que tenga cuatro o cinco años.

Mi **madre** y **yo** vivimos en los árboles. Nos columpiamos de <u>rama</u> en rama.

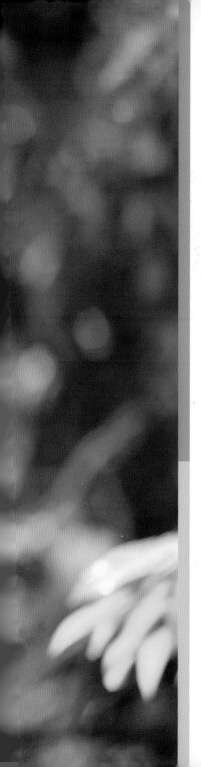

Cada noche,
hacemos un
nuevo nido.

Ahora empiezo a comer plantas y frutas. Me llaman orangután juvenil.

¡Ahora soy un orangután joven!

WOOO!

¿Puedes hablar como una cría de orangután? Los orangutanes gruñen, aúllan, chillan, y llaman.

Escucha esos sonidos:

https://wildambience.com/wildlife-sounds/orangutan/

¡Ahora es tu turno!

13

PALABRAS BEBÉS

juvenil: un orangután joven, de entre cinco y ocho años

rama: una parte de un árbol que crece saliendo del tronco

ÍNDICE

PUBLICADO POR CREATIVE EDUCATION Y CREATIVE PAPERBACKS
P.O. Box 227, Mankato, Minnesota 56002
Creative Education y Creative Paperbacks
son marcas editoriales de The Creative Company
www.thecreativecompany.us

DISEÑO Y PRODUCCIÓN
de Chelsey Luther & Joe Kahnke
Dirección de arte de Rita Marshall
Impreso en China
Traducción de TRAVOD, www.travod.com

FOTOGRAFÍAS de Alamy (Nature Picture Library, Ian Wood), Dreamstime (Isselee), Getty Images (Dimas Ardian/Stringer), Minden Pictures (Suzi Eszterhas, Anup Shah), Shutterstock (Bohbeh, Eric Isselee, panpilai paipa, WayneImage)

INFORMACIÓN DEL CATÁLOGO DE PUBLICACIONES
de la Biblioteca del Congreso is available under PCN 2019957372.
ISBN 978-1-64026-455-7 (library binding)
ISBN 978-1-62832-990-2 (pbk)

HC 9 8 7 6 5 4 3 2 1
PBK 9 8 7 6 5 4 3 2 1